ACTEURS CHANTANS.
Dans les Chœurs.

CÔTE' DU ROI.		CÔTE' DE LA REINE.	
Mesdemoiselles.	*Messieurs.*	*Mesdemoiselles.*	*Messieurs.*
Dun.	Lefebvre.	Rollet.	Gratin.
Tulou.	Le Page, C.	Daliere.	Le Mesle.
Delorge.	S. Martin.	Masson.	Bertrand.
Larcher.	Dun, fils.	Chefdeville.	Dumats.
Cazeau.	Gélin.	Gondré.	Hordé.
LeTourneur.	Chaboud.	Hery.	Levasseur.
La Croix.	Fel.	Duval.	Chapotin.
Lallaville.	Rochette.	Adélaïde.	Favier.
	Le Roy.		Feret.
	Selle.		Cardinet.
	Roze.		Du Perrier.

ACTEURS CHANTANS.

MIRTIL, *Berger.*	M^r. Jeliote.
ZELIDE, *Bergere.*	Mlle. Fel.
HILAS, *Berger.*	M^r. Person.

BERGERS & BERGERES.
PASTRES & PASTOURELLES.

PERSONNAGES DANSANS.

BERGERS & BERGERES.

M^r. VESTRIS. Mlle. VESTRIS.
M^r. BEAT, Mlle. PUVIGNÉ.
M^{rs}. Le Lievre, Hiacinte, Hamoche, Caïez.
Mlles. Dazenoncourt, Thierry, Briseval, Gautier.

PASTRES ET *PASTOURELLES.*

M^r. LANY, Mlle. LANY.
M^{rs}. Laurent, Feuillade, Gobert.
Mlles. Victoire, Courcelles, Couppé.

LA GUIRLANDE
OU
LES FLEURS ENCHANTÉES.

SCENE PREMIERE.

LE THÉATRE REPRÉSENTE un lieu champêtre, où est un Autel de l'Amour. La statue du Dieu paroît dans le fond, sur un pié d'estal, d'où sort une fontaine.

MIRTIL seul, tenant à la main une guirlande dont les fleurs sont fanées.

PEUT-ON être à la fois
Si tendre & si volage ?

Zélide avoit fixé mon choix :
Non moins aimé qu'Amant, je partis de ces bois ;
Amarillis paroît, me sourit & m'engage :

Peut-on être à la fois
Si tendre & si volage ?

Je reviens, je reprends mon premier esclavage :
Mais j'ai perdu mes premiers droits.

Malheureux ! Qu'ai-je fait ? Peut-on être à la fois
Si tendre & si volage ?

Il regarde sa Guirlande.

Vous allez donc déposer contre moi,
Fleurs, qu'un charme secret devoit rendre immortelles
Dans les mains des amans fidéles !
Votre éclat s'est terni quand j'ai manqué de foi.

Ranimés-vous avec ma flâme.
Brillés aux yeux qui m'ont charmé.

J'aime encore plus que je n'aimai ;
Soyez l'image de mon ame.

Ranimés-vous avec ma flâme.
Brillés aux yeux qui m'ont charmé.

Il s'adresse à l'Amour.

Toi qui vis mon erreur, toi qui vois mon retour,
Préviens le désespoir où tu vas me reduire.

LA GUIRLANDE
OU
LES FLEURS ENCHANTÉES,

ACTE DE BALLET,

REPRÉSENTÉ
POUR LA PREMIERE FOIS
PAR L'ACADÉMIE ROYALE
DE MUSIQUE,
A LA SUITE
DES INDES GALANTES.

Le Mardy 21 Septembre 1751.

PRIX XII SOLS.

AUX DÉPENS DE L'ACADÉMIE.

PARIS, Chez la V. DELORMEL & FILS, Imprimeur de ladite Académie, rue du Foin, à l'Image Ste. Geneviéve.

On trouvera des Livres de Paroles à la Salle de l'Opéra.

M. DCC. LI.
AVEC APPROBATION ET PRIVILEGE DU ROY.

Les Paroles de M. MARMONTEL.
La Musique de M. RAMEAU.

OU LES FLEURS ENCHANTÉES.

Ce charme est ton ouvrage, Amour ! Puissant Amour !
C'est à toi seul de le détruire.

Il pose sa Guirlande sur l'autel de l'Amour.

Je remets ma Guirlande au pié de ton Autel.

Une simphonie champêtre se fait entendre.

Mais j'entens nos Bergers que ta fête rassemble.
Hélas ! Qu'ils sont heureux ✻ Zélide ! ô Ciel ! Je tremble.
Cachons lui mon trouble mortel.

Il sort.

✻ Il voit venir Zélide.

SCENE II.

ZÉLIDE, HILAS, troupe de BERGERS.

CHŒUR *de Bergers.*

Hâtons nous, voici l'Aurore,
Cueillons les fruits de ses pleurs.
Moissonnons les dons de Flore,
Couronnons de mille fleurs
Le Dieu qui les fait éclore.

LA GUIRLANDE,

Hâtons-nous, voici l'Aurore,
Cueillons les fruits de ses pleurs.

Aussi-tôt que les Bergers se sont assemblés en dansant sur ce Chœur, ils sortent en foule pour aller cueillir des fleurs, & cet appel n'est que le prélude de la fête.

SCENE III.

HILAS, ZÉLIDE.

HILAS à Zélide, qui ne suit point les autres Bergeres.

Zélide, nos plaisirs n'ont rien qui vous amuse!
Vous offensez le Dieu dont nous suivons la cour.

ZÉLIDE.

Des ennuis que cause l'Amour
L'Amour est lui-même l'excuse.

HILAS.

L'absence d'un Berger vous doit-elle allarmer?

ZÉLIDE.

Loin de lui, ce lieu même est pour moi solitaire.

HILAS.

OU LES FLEURS ENCHANTÉES.

HILAS.
Eſt-il le ſeul qui ſache aimer ?

ZÉLIDE.
Il eſt le ſeul qui m'ait ſçu plaire.

HILAS en ſe retirant.
Une Beauté ſi ſevére,
Tient peu de cœurs ſous ſa loi.

ZÉLIDE.
Les cœurs indifférens n'ont rien qui m'humilie.

===

SCENE IV.

ZÉLIDE ſeule.

Amour, que Mirtil penſe à moi,
Et que tout le reſte m'oublie.

Qui peut ſuſpendre ſon retour ?
Ceux dont il a reçu le jour,
Auroient-ils refuſé de couronner ſa flâme ?.....

Seroit-il retenu par un nouvel amour ?

Cher Amant ! Vien calmer le trouble de mon ame.
Qui peut suspendre ton retour ?

Tout languit dans nos bois, quand l'hiver les ravage :
Mais lorsque le Zéphir commence à soupirer;
Tout renaît, tout fleurit, tout semble respirer.
Le Rossignol s'éveille, il reprend son ramage.

L'absence est l'hiver des amours :
Le retour d'un Amant est celui des beaux jours.

Tout languit dans nos bois, quand l'hiver les ravage :
Mais lorsque le Zéphir commence à soupirer ;
Tout renaît, tout fleurit, tout semble respirer.
Le Rossignol s'éveille, il reprend son ramage.

De mon bonheur; Amour, hâte l'instant :
Rends moi Mirtil, & me le rends fidéle.

Ces fleurs; gage d'un feu constant,
Font briller dans mes mains leur fraîcheur naturelle;

Mirtil, la Guirlande aura-t'elle
Ces parfums, ces couleurs, cet émail éclatant ?

Elle apperçoit la Guirlande que Mirtil a posée sur l'Autel de l'Amour.

Mais quel objet frape ma vûe !

OU LES FLEURS ENCHANTÉES.

Me trompai-je ? Aprochons. Que mon ame est
　　émue !

Elle s'aproche de l'Autel.

Hélas ! Il est trop vrai, je reconnois ces fleurs.
Nos chiffres enlassés.... ah ! Mirtil !... Je me meurs.

*Elle tombe accablée sur l'Autel, puis
revenant à elle.*

Oublions un Amant perfide,
Méprisons qui peut nous trahir.

Le mépriser ! Helas ! Trop sensible Zélide !
Tu ne peux même le haïr.

Au pié de cet Autel il a mis sa Guirlande :
Pour ranimer ces fleurs il imploroit l'Amour.

Usons pour l'éprouver d'un innocent détour.

*Elle met sa Guirlande à la place
de celle de Mirtil.*

Il croira que l'Amour a rempli sa demande.

Elle aperçoit Mirtil.

Il paroît. Cachons-nous sous cet ombrage épais.

SCENE V.

MIRTIL seul dans l'abatement.

Dans ma cruelle incertitude,
Mon cœur ne peut trouver la paix,
Et chaque inſtant ajoute à mon inquiétude.

*Il aperçoit au pié de l'Autel, la Guirlande
dont l'éclat lui paroît ranimé.*

Que vois-je ! O ciel ! amour ! O prodige ! O faveur !

Il s'aproche de l'Autel.

Quels parfums ! Quel éclat ! Ces fleurs ſemblent renaître.
Ah ! Que mon cœur va reconnoître
Un bienfait qui m'éleve au comble du bonheur.

Il héſite à prendre la Guirlande.

Je n'oſe ſur ces fleurs porter ma main tremblante,
Je crains de les ternir encor.

Amour, ſur ton Autel conſerve ce tréſor.
C'eſt à toi d'éblouir les yeux de mon Amante.

Ne crains pas que mon cœur, ſous ſes loix enchaîné,
Suive jamais une pente nouvelle.

OU LES FLEURS ENCHANTÉES.

Que je vais bien aimer ! Que je ferai fidéle !
Pour la derniére fois tu m'auras pardonné.

Zélide, ton Amant cesse enfin de te craindre.
Vien consulter ces fleurs, vien lire dans mes yeux.
Ces fleurs vont te tromper; mes yeux ne peuvent
    feindre.
Ils diront que je t'aime, & mon cœur le sent mieux
    Que mes yeux ne peuvent le peindre.

Il aperçoit Zélide.

Elle vient, c'est l'Amour qui l'amene en ces lieux.

SCENE VI.
MIRTIL, ZÉLIDE.

MIRTIL.

JE vous revois belle Zélide !
Que mon cœur eût voulu hâter ce doux moment !
Que le tems, qu'avec vous je trouvois si rapide,
    Loin de vous coule lentement !

    Je vous revois encor plus belle,
Et je reviens encor plus tendre.....

ZÉLIDE ironiquement.

    Et plus fidéle ?

MIRTIL.

Quel soupçon vient vous allarmer ?
Vous offensez mon cœur & l'Amour & vous-même.
Peut-on vous voir sans vous aimer ?
Peut-on changer quand on vous aime ?

ZÉLIDE.

Souvent pour seduire un cœur
Il suffit d'un doux sourire.
On rougit, l'Amour soupire,
Mais le desir est vainqueur.

MIRTIL.

Telle est l'inconstance légere,
Du Zéphir volage & sans foi :
Mais le Zéphir lui-même, aimé de ma Bergere,
Seroit aussi constant que moi.

ZÉLIDE.

Aussi constant que vous ?

MIRTIL.

Vous connoissez mon ame.

ZÉLIDE.

L'absence est l'écueil de l'amour.

MIRTIL.

Dans nos tendres adieux rien n'égaloit ma flâme;
Elle est cent fois encor plus vive à mon retour.

Tout inspire à mon cœur une volupté pure :
Les concerts des oiseaux me semblent plus touchants:
Je croi voir mon bonheur exprimé dans leurs chants.

Cette onde en jaillissant fait un plus doux murmure.
L'ombre a plus de fraîcheur, l'herbe a plus de verdure.
Le parfum de ces fleurs m'invite à les cueillir.
Avec vous à mes yeux tout semble s'embellir,
Et le charme s'étend sur toute la nature.

ZÉLIDE.

Mais de votre fidélité
Je ne vois point encor le gage.

MIRTIL *montrant avec empressement la Guirlande qui est sur l'Autel.*

Le voici. De ces fleurs l'éclatante beauté
Vous laisse-t'elle quelque ombrage ?

ZÉLIDE.

Je suis contente.

MIRTIL.

Et vous ? Un pareil témoignage
Importe à ma tranquilité.

Zélide feint d'être embarrassée.

Zélide, vous baissez la vûe !

Parlez. Où font ces fleurs ? Vous me faites trembler.
Vous foupirez ! O ciel ! Quelle atteinte imprévûe !
Non, je ne puis vous croire, & c'eft pour me troubler……

Zélide n'eft point infidéle.
Son cœur n'aima jamais que moi.

ZÉLIDE.

Si vous êtes fur de ma foi,
Pourquoi m'en demander une preuve nouvelle ?

MIRTIL.

Pourquoi la refufer ?

ZÉLIDE.

Ah ! Mirtil ! Je le voi,
Vous doutez de mon cœur.

MIRTIL.

Vous m'y forcez cruelle.

ZÉLIDE.

Hé-bien s'il vous avoit trahi,
S'il s'en faifoit lui-même un fenfible reproche,
Et fi confus à votre aproche,
Il demandoit encor de n'être point haï……

MIRTIL.

Vous ? me trahir ! O ciel ! Moi, l'Amant le plus tendre !

ZÉLIDE.

OU LES FLEURS ENCHANTÉES.

ZÉLIDE.

Il le faut avouer : un caprice léger,
    Avec plaisir m'a fait entendre
    Les soupirs d'un autre Berger.

MIRTIL.

Quoi, Zélide, ton cœur n'a pas sçu s'en deffendre!

ZÉLIDE.

Je vous l'ai dit : l'absence expose à ce danger.
A vos ressentimens Zélide s'abandonne :
    Mirtil, vous pouvez vous vanger.

MIRTIL.

Non. Si ton crime est passager,
Aimons-nous : Mirtil te pardonne.

ZÉLIDE.

C'est toi que tu viens de juger.

MIRTIL.

Qui ? Moi !

ZÉLIDE.

Voici tes fleurs....* quelles couleurs nouvelles!

MIRTIL.

C'est l'Amour qui les rajeunit.

---

* Elle va prendre la Guirlande de Mirtil, quelle a cachée parmi les arbres de l'un des côtés du Théâtre, elle la trouve refleurie.

C

ENSEMBLE.

Dieu puissant, dans nos mains rends ces fleurs immortelles.
Rends sans cesse nouveau comme elles
Le nœud charmant qui nous unit.

On entend de loin le retour des Bergers.

MIRTIL.

Nos Bergers en ces lieux vont celébrer sa fête.

ZÉLIDE.

Pour hommage offrons lui nos cœurs.

ENSEMBLE.

Triomphe, Amour, lance tes feux vainqueurs.
Couronne par mes mains ta plus belle conquête.

SCENE VII.

MIRTIL, ZÉLIDE, troupe de BERGERS.

*CHŒUR sur lequel les Bergers
entrent en dansant.*

Aimons, qu'en nos bois tout soupire,
Que tout inspire
Les désirs.

OU LES FLEURS ENCHANTÉES.

Que tout respire
Les plaisirs.

ZÉLIDE.

Tendre Amour c'est pour ton empire,
Que les Dieux ont fait nos loisirs.

LE CHŒUR.

Aimons, qu'en nos bois tout soupire.
Que tout inspire
Les désirs,
Que tout respire
Les plaisirs.

Les Bergers en dansant ornent de Guirlandes l'autel de l'Amour.

GRAND-CHŒUR.

Sons brillants, céleste harmonie,
Éclatez, remplissez nos bois.
C'est l'Amour qui dicta vos loix
Et sa flâme est votre génie.

Sons brillants, céleste harmonie,
Éclatez, remplissez nos bois.

MIRTIL.

Accens mélodieux, vous que l'Amour inspire,
Etendez son empire :

Rivaux de la beauté, fur nos fens tour à tour
   Vous vous difputez la victoire,
   Tour à tour vous avez la gloire
De faire triompher l'Amour.

LE CHŒUR avec MIRTIL.

  Sons brillans, célefte harmonie,
  Eclatés, rempliffés nos bois.

> *Deux Coriphées de la danfe, donent par des attitudes gracieufes, des leçons au corps du Ballet qui les repête en imitation.*

ZÉLIDE.

Aux pleurs que repand l'Aurore,
Nos champs doivent leurs attraits :
Amour tu fais plus encore ;
Le bonheur vole avec tes traits.

LE CHŒUR.

Amour, tu fais plus encore ;
Le bonheur vole avec tes traits.

ZÉLIDE.

  La douce halaine de Flore,
  Rend l'air plus pur & plus frais.

LE CHŒUR.

Amour, tu fais plus encore ;
Le bonheur vole avec tes traits.

Sur cette derniere reprise du Chœur, les Bergers recommencent leur danse, elle est interrompuë par une entrée de Pastres, auxquels les Bergers se mêlent d'abord. Les Pastres, deux Coriphées à leur tête, se détachent ensuite, & vont couvrir l'Autel de l'Amour de gros bouquets qu'ils tiennent dans leurs mains. Une jeune Bergere entre seule & porte en dansant une fleur sur l'Autel.

ZÉLIDE.

Quand du Dieu des bois,
L'Amour anime la musette,
Philoméle est muette,
Écho n'ose élever la voix.

Pour entendre
Un son si tendre,
Les ruisseaux murmurent tout bas.
Au Silvain qui court sur ses pas ;
La Nimphe se laisse surprendre.

Quand du Dieu des bois,
L'Amour anime la mufette;
Philoméle eſt muette,
Écho n'oſe élever la voix.

Les Coriphées des Bergers & ceux des Paſtres danſent enſemble; la jeune Bergere s'y joint; leur danſe eſt coupée par l'entrée d'un jeune Berger, qui apporte un bouquet pour offrande. Il aperçoit la Bergere. Il heſite entr'elle & l'Autel, pour adreſſer ſon hommage; il porte enfin ſur l'Autel ſon bouquet, dont il reſerve une fleur, qu'il preſente à la Bergere, & leur union forme un pas de ſix avec les quatre Coriphées.

ZÉLIDE.

Vole, Amour, aſſure ta gloire,
Enchaîne nos cœurs pour jamais.

Un volage que tu ſoumets,
Eſt ta plus brillante victoire.

MIRTIL.

Vole Amour, aſſure ta gloire,
Enchaîne nos cœurs pour jamais.

Pour la premiére fois, on s'engage sans peine,
Et sans peine on devient léger :
Mais un cœur qui reprend sa chaîne,
Revient pour ne jamais changer.

ENSEMBLE avec les CHŒURS.

Vole Amour, assure ta gloire,
Enchaîne nos cœurs pour jamais.

Un Ballet général termine le divertissement.

F I N.

APPROBATION.

J'Ai lû par ordre de Monseigneur le Chancelier, *La Guirlande, ou les Fleurs Enchantées, Acte de Ballet :* Et je n'y ai rien trouvé qui doive en empêcher l'impression. A Versailles, ce sept Septembre 1751.

DEMONCRIF.

Le Privilége est à la Fin des autres Opéra.

www.ingramcontent.com/pod-product-compliance
Lightning Source LLC
Chambersburg PA
CBHW070540050426
42451CB00013B/3105